그린란드 보고서

국립중앙도서관 출판시도서목록(CIP)

그린란드 보고서 : 황경숙 시집 / 지은이: 황경숙. -- 대
전 : 지혜, 2013
p. ; cm. -- (지혜사랑 ; 088)

ISBN 978-89-97386-66-6 03810 : ₩8000

한국 현대시[韓國 現代詩]

811.7-KDC5
895.715-DDC21 CIP2013019652

지혜사랑 088

그린란드 보고서

황경숙

지혜

시인의 말

마녀의 춤 같은 여름을 지났다.

그 뜨거움 속에서도
여전히 당신의 허밍은 나를 깨웠고
그 흥얼거림에 닿고 싶었는데 그러지 못했다.

욕심이 무거웠다.

언젠가 당신 안으로 걸어 들어가
우리의 침묵이 다른 시간 속으로 나아 갈 수 있을
그때, 내가 누군지 말해주면 좋겠다.

2013년 가을
황경숙

차례

2부

3부

4부

• 일러두기

한 연이 첫 번째 행에서 시작될 때는 > 로 표시합니다.

1부

프로타쥬

눈꺼풀이 내려지고 푸른 동공이 닫히기 전에 나는 네 얼굴에서 데스마스크를 뜬다

머리카락을 짧게 자르고 블루 빛 염색을 하고 손톱 발톱에 검은색 매니큐어로 날개를 그리고 너를 따라 날아오르는 내 얼굴 아직 가면은 아니다

내일 아니 오늘 이미 자란 너의 아이를 낳고 코르셋 끈을 조이면 허리가 잘록해지므로 나는 다시 태생의 물병자리에 꽂혀 물구나무선 채 너를 만날 수 있다

짧지만 여전히 날 선 말들로 내 물음에 대답하는 너는 모래시계 속의 블랙홀에 갇혔다 빠져나오기를 반복한다

얼굴에 흰 종이를 대고 연필로 긁고 긁으면 꿈속에서 접은 종이인형처럼 뻔뻔한 네 윤곽은 살아날 듯 꿈틀거린다

너와 내가 닮은 유일한 언어가 뒷모습뿐이라는 생각이 들 때 과거와 현재 사이에 너라는 미래는 존재하지 않는다

삶의 천극川劇이 거꾸로 흐르면 내 시詩의 변검變瞼*은 언제 네 얼굴을 떼 낼지 모른다

* 중국 쓰촨성四川城 고유의 경극으로서 일종의 가면놀이. 천극川劇이라고도 함.

늪을 나는 새
— 곡예사

하늘에 갇힌 새는 쓸모없는 눈물을 버렸고
나는 바닥의 두려움을

눈을 훑고 지나가던 역광이 심장에 박히고
등나무꽃빛 창백한 뺨으로 아코디언을 연주하는
저 비틀거리는 그림자 위에서

새도 아닌 몸이 날개가 되려고
바람을 새기고 있어요

독을 품은 거미의 시간보다 질긴
숨 막히는 밧줄의 고요가 전생의 날개를 지우고
뒤틀린 날개를 다시 공중에 매달아요

중력의 지도를 그리는 멈춤의 끝에서 소스라친 나는
찰나를 모으는 새
내 허공은 세상에서 가장 깊은 늪, 하나 뿐인 영토

새의 기억은 몸의 여백을
칡넝쿨처럼 깊숙이 움켜쥐고 여기가 어디냐고 날마다 묻고
또 묻고

>

이제 밧줄을 놓을 때
나는 이미 바람을 죽였어요

포커페이스

왜 그리 태연한 건지
그믐달을 품은 볼우물처럼

페이지마다 깊이 숨겨 놓은
속내를 보이지 않는 너의 물끄러미

햇빛 아래 분수처럼 깨진 유리잔 너머
감춘 얼굴에 몇 개의 봄이 오느냐 묻고

새로운 거짓말을 가져온 바람이 순해지면
말아 쥔 모란도 맨홀 속 함정에 빠져 흐드러지고

낯을 가리는 너는 나의 꽃밭에서
돋을새김하듯 표정을 바꿨지

네가 웃을 수 있는 안전지대에서는
먼지 더께가 일그러지는 투명한 울음소리가 들려

4월 태풍으로 얼크러진 마음을 아는
용의주도하게 구겨진 종이탈의 검은 눈

응시를 되돌려 줄 하얗게 질린 얼굴에 피가 마르고 있어

떼어내야 할 수많은 거푸집 속의 결핍을

그래, 모르는 건지 모르는 체하는 건지
헤아릴 수 없는 마음의 갈피

그림자 도둑

날개 돋친 구름이
새야, 부르면
나는 발톱 뭉툭한 고양이
땅속을 헤집어 별을 캐는 날

우산은 왜 자꾸 나를 바닥으로 밀어 넣는가
지구 반대편에서 발바닥을 밀고 올라오는 빗방울은

거꾸로 서서 머리카락으로 뒤집힌 공작처럼 걷는다
너는 또 분수처럼 나를 들어 올리고
빗소리에 겨운 새를 울린다
나무 허리에 웃자란 넝쿨처럼 점박이 고양이를 울린다
노래하지 않고 발톱을 세우지 않고
서로가 서로를 침묵으로 우는 저녁
구름은 저 위로도 흘러내린다

얼룩을 울음으로 씻으며 별의 무게를 안고

우연히 발견된 저녁의 표정
다시는 울지 않을 얼굴로 끊임없이 자신을 훔친다
어둠은 빗방울의 방점을 지우고
새와 고양이 간극 사이로 언뜻 농담濃淡을 치는

빗소리 핑계 삼아 크게 울어보는 저녁

저 너머에 없는 나와 여기에도 없는 네가
걸음을 멈춘 그림자와 맞닥뜨리는

색청色聽

젖은 숨소리는 지하계단을 품은 바다
그 아랫방에서 얼룩으로 뒤척인다
빛의 무게를 견디는 것으로
하나의 색을 가지게 된 소리

잔뿌리를 키운 괴황지가 가지를 치고 있는 숨 막히는 노란 벽지 속에서, 붉은 모래는 피를 토하듯 불꽃을 피우고 꽃으로 울렁거리고

나는 아직 당신의 휴화산으로 숨쉬고

또 하나의 심장은 태어나고 떨리는 손끝에서 모세혈관으로 숨죽여 번져가던 열아홉 겨울의 생년월일은, 금간 사이로 흘러내린 빗물 화석 같은 부적은,

내 전생은 생각이 붉은 새
이젠 귀가 돋았을 텐데……

색으로 말하는 염원과 기도를 젖은 내 무릎 뼈는 아직 듣고 있는지, 아무 소리도 그리지 못한 환청이 묽게 번지다가 또렷한 생의 역사로 말라간다

>

발바닥에 귀를 붙이고 붉은

색을 듣는 이승의 내가
당신 가슴 속에서 한참을 북적이고 있다

슬픈 왈츠

새벽 두 시쯤 새와 바위는 말을 바꾼다

새는 바위의 단단한 무릎으로 입을 닫고
바위는 새의 입으로 어둠을 실어 나르는데

사람들은 왜 우리가 밤새 춤춘다고 하는지

어둠 속에서 바람은
춤추는 우리를 위해 숨을 멈추고
굳게 닫혔던 기억의 서랍을 연다

새는 뼈를 비우고 허공을 차지했지만
바위는 오래 무릎 꿇은 관절만으로
날개가 될 수 있다고 믿는다

잘 비워 바람에 씻긴 몸을 가지런히 담을 수 있는 텅 빈 서랍을
하늘, 이라 부르면

그 속엔 침묵 뿐

질긴 자기장으로부터 전족纏足을 벗은 바위는 하늘을 날고

천 년 전 물어 온 연꽃 씨를 무릎으로 껴안는 새

잠 깨인 사람들이 기억을 등지고 무도회장을 빠져나가고 있다

흉터 속으로

누군가 위태롭게 문을 두드린다
벽은 귀를 세우고 문은 무방비상태로 열린다
목발을 딛고 서 있던 그가
제동장치 풀린 장난감처럼 또각또각 걸어 들어온다

세상에서 가장 무서운 무표정의 얼굴로
순식간에 그림이 걸려 있던 자리의
그림 속으로 사라진다

목발을 버리고 다음 생으로 건너가듯
절룩거렸지만 뒤늦은 위안이라도 되는 양,
나는 벽 앞에서 더는 다가설 수 없다

젖은 눈 껌벅거리며
그림이 걸려 있던 자리에 묻은 당신의 손금에서
비문을 읽는다

시간이 지나면 나을 거야
때로는 시간이 우리를 죽음 곁에서 살게 했으니까
괜찮아

목마른 새벽 문득 나에게도

벽에서 떼어낸 그림처럼
보이지는 않지만 만져지는 흉터가 있어

서로에게 질문하고 대답하듯 우린
벽 안과 밖에서 쓰라린 눈을 비비고 있다

어지러운 여름 햇빛 속
흉터에도 같은 온도의 피가 흐르고 있다

봄이 운다

4월 곰배령에 폭설이 내린다
수줍고 담담한 신부들 같다

무거운 배낭에 털 신발을 신고
마음속 진동을 옮겨 놓은 눈의 두터운 갈피
끝나지 않을 것 같은 흰 계단을 밟아 오르며

엉거주춤 봄이라고 우기는데 바람이 마른 풀을 스친다

마침내 거대한 백색 바리케이드가 사라지면
흩어지는 입김 사이로 희미한 연둣빛 비린내에
누구라도 눈물 날 텐데

당신은 환절기 알레르기처럼 자주 잊으며 운다

山은 오르고 嶺은 넘어야 하는 것을
어쩌다 마음의 발목마저 삐었는지

오르지 않고 겨우 넘어서 당신은 이미 알고 있다
그 누구의 슬픔도 아니어서

여기서 놓아버린 것들을

자신에게 물어보았듯 내게도 물어본 적이 있다

누구에게나 봄이면 울던 곰배령은 있다

겨울 숲에서 듣다

바위에도 귀가 생기는 마른 덤불 속에서
바스락, 보이지 않던 것들이 보인다

겨울에 눈[眼]이 귀를 닮아가는 병에 걸린 나는

새 소리에 걸림이 없다
하늘과 땅 경계 가까이에서 웃는 듯 우는 새가 된다

나무처럼 봄에 산란했던 어린 새
부리로 물어온 마른 연못을 풀숲에 떨어뜨릴 때

끝이 먼 문장의 행간처럼
음표 사이에 숨어 있던 오랜 쉼표처럼

겨울 숲은 허공의 집

갓 돋아난 무덤 속이 그럴까
먼 곳의 목소리를 하나로 묶는 부리 모양이 다른 새
겨울의 감정을 모자이크하고 있다

되짚어 돌아 나오는 그 숲에서
마음만 출렁이던 유배의 비망록을 지우고

바람과 바람 사이 침묵으로 몸을 씻는다

아직 아픈, 하나가 된 눈과 귀
들려도 보이지 않는 봄으로 옮아간다

달빛

더는 그림을 그리지 않을 것 같던 그가
화선지를 펼치는 저녁

어디에서 온 향기일까
임계점에 이른 거친 호흡
가늘게 떨리는 붓끝의 숨이 가파르다

이미 꽃등을 켠 심장
화르르 열린 입술
사금을 품은 모래알갱이처럼 흔들리고 흔들리며

겹치고 겹쳐지는 통증 같은 벚꽃의 떨림은
붉은 바람이 데려오는 물든 저녁을 밀어낼 수 없다

어둠 속에서 부유하는 것들을 위로하던 당신
내 그림자에 얽힌 매듭을 풀려고 할 때
시들어 핀 꽃잎, 파지처럼 구겨져 흩날린다

끝까지 긴장을 놓치지 않는 흑각궁의 만개처럼
아픈 며칠간의 기록으로

푸른 달의 옷을 입은 얼어붙은 매혹
어디로 가서 꽃을 완성하는가

겸손한 흉터

그날의 나처럼 밤새 벚꽃잎
검은 종마 안장 위로
흰 눈처럼 쌓였다

구릿빛 장딴지에서 심장이 달려 나올 듯
갈기갈기 뛰어온 말발굽
눈 뜬 태양을 들이킨다

바람 닮은 꽃잎은 어둔 밤을 깨우고
백지 위에 돌올하게 적힌 잠언의 활자처럼
잠든 세상의 정신으로 살아난다
첫눈 내린 아침을 걸어와
상처와 노래와 침묵까지 받아들여 빛을 깨운다
사금파리처럼 단단해진 눈물

지난 기억을 지우려 달려 온 산벚꽃 앞에서
기억의 죽음으로 우린 몇 세기의 흉터를 가지게 된다*

나눠 가진 상처는 어디에도 흔적을 남기지 않는다

* 안티고네에 나오는 대사 중에서 인용.

서 있는 동굴

첫 번째 태양이 떠나고
호박琥珀 속에 갇힌 벌레처럼 나는,
참장공 중이다

엉거주춤, 허공의자에 엉덩이를 걸치고
알 수 없는 그대 가슴만한
나무 한 그루를 안으면 수직으로 일어선
척추 건반에서 태초의 피아노 소리가 난다
눈을 뜨면 오히려 미궁
귀는 다만 아직 오지 않은 세상의 깊이와 너비를 재며
안에서 밖을 향해 무극無極의 당신을 묻는다

새로 열린 귀와 입이 하나가 될 때
두근거리는 심장으로 피가 몰려오고 몸은 따뜻해진다
동굴 신화 속 기운이
가슴으로 바뀐 옹이 속으로 둥글게 모인다
허벅지와 골반으로 나무 허리를 보듬고
깊고 깊은 계곡의 신전 헤라티움에 들어
더 깊게 심해의 단층에 들어

그대 씨앗의 가시 돋친 감각을 내 지느러미로 만지며
핑갈의 동굴 서곡으로 말을 건네면

가시 끝이 둥근 용신목처럼 궁정의 문이 열린다
우두커니 서 있는 피라미드처럼 오래된 탑처럼
당신을 가리키는 지시침이 된 몸,

두 번째 태양을 품는다

보이지 않는 제목

부피도 두께도 없는
테두리에 갇힌 그림 속 풍경은
어둠이 덧칠 된 막다른 골목
검은 음표들이 뚜벅뚜벅 걷고 있는

마른 잎 움켜쥐고 있던 오후의 그늘에도
애벌레의 고치처럼 비밀은 자라고 웅크리고

방부제에 절은 유리병 속을 들여다보는
희귀한 나비 채집자의 눈빛처럼
그림 안에서 나는 발길을 떼지 못하고

어깨는 나란히 거리감 없이
물끄러미 바라보는 이 대상은 비대칭, 무너지는 한 쪽의 감정

여백을 채운 순간들이 돌처럼 튕겨져 나오면
말랑하고 고요한 암호처럼 드러나는 초벌그림

굳게 잠겨 있던 밑그림에 파상선* 몇 줄 그려 넣는 것만으로도
삶의 제목이 될 수 있을까

그림 속 심장이 어디로 튈 지 알 수 없어

무제 혹은 미완성이라는 지상의 마지막 그림

나,

* 에스키모인들이 불을 붙이려고 나무 위에 몇 줄 그려 넣는 그림 마음으로 켜는 발화용, 불의 생명.

2부

그린란드 보고서

입술이 떨어져 발등에 툭,

태양이 끝나는 곳 얼어붙은 땅에서
숨겨둔 자식의 이름
스노우 스노우

말하는 동물의 언어 뜨겁지 못해 차가운 피
굳게 닫혔던 응고된 말들을 꺼내려고
불안한 발음으로 당신을 부른다

날카로운 따뜻함으로 웃음을 베면
흰빛으로 가득했던 심연은 흐르고 흘러
눈을 가리는 혹야
당신에게서 내가 보이지 않는다고 말할 때
그 고백은 단지 미래의 크레바스
영원히 변하지 않을 것 같던
그때 본 별은 지워진 얼굴처럼 흘러내린다

아주 높고 깊은 곳까지
돌이킬 수 없는 기대할 수 없는 반전의 반전
하얀 묵시록의 절대공간
당신의 모든 것은 날씨에 맡겨야 하리*

>

당신 심장이 세상 끝으로 투둑,

* 그린란드 속담.

가짜 정원사

굳이 떠날 필요는 없어
단지 여기에서 벗어나기 위해서라면

당신의 물리학으로는
이 꽃밭은 언제나 겨울

오늘의 알리바이를 위해 당신과 나의 그림자 사이
당신은 노란 장미의 꽃말을
나는 흐트러져버린 엉겅퀴의 전설을 심어요

전화와 메시지를 삼키면
흙속으로 꺼져 버린 당신의 목소리와 지문
씨감자 순처럼 돋아나요
그럴 때마다 거칠게 자라나는 잡초 같은 자존심
바람도 햇볕도 전지가위를 들고 달려오네요

도덕적인 당신의 봄은 우연처럼 다시 오고
어제의 꽃을 잊고 또 다른 봄을 심으면
세상에서 가장 먼 꽃받침에 가 닿을 수 있을까요

당신은 배곯은 검은 개를 키우고
나는 입 없는 하루살이를 키워요

남아 있는 열두 개의 감각 있다면 그건
내 그림자를 뒤쫓는 봄바람 같은 약속

마침내 황무지가 될 이 꽃밭에서
태양계를 부정하는 당신의 시계와 무관심이
간신히 나에게 어울리는 봄의 스카프가 될 거에요

테리가타

쏟아지는 생각 속에서 X는 선잠을 잔다. 백팔 배를 채우지 못한 Y가 생각의 숨을 멈추며 물끄러미 몸을 들여다본다.

깨어 있지도 잠들지도 못한 그를 50분, 이라 부르면 먼지의 더께처럼 시간 위에 내려앉는 들숨 날숨은 저이가 소유한다. 그는 날고 싶은데 보이지 않는 바람의 냄새는 저이의 혀끝에 산다. 가파른 벽이 높고 밖엔 눈이 내린다. 왼손에 붙들린 그들의 무의식이 마음에 박힌 가시를 세고 있다. 고요가 쌓이면 바위가 될까. 만트라 속에 네가 있다. 뜨거워진 피가 나를 위로하고 있다. 휩쓸리지 않아야 한다고 너와 나의 적당한 거리를 찾고 있다.

어둠의 입구에서 종일 짠 거미의 베일이 홀연 시리질 때 Y는 거울을 들여다 본다. X의 입술 어깨 골반 무릎이 차례로 깨어난다. 이윽고 빈집이 된다.

소설 라이트

못난 4월의 뒤꿈치가 벗겨지고 비자림은 판도라의 회오리 속에 갇혔어요 지난 가을 꽃과 바람의 축제를 잊고

봄은 여기 없는데 정명이 찾아왔어요 처녀 적 당신 눈에 가둔 스프링 같은 내 몸매처럼 부풀어 오르는 흙의 속살을 드러내며

가시울타리 같은 기억을 켜면 헤아릴 수 없는 이름들이 실오라기처럼 풀려 나와요 쓰린 눈에 담긴 나와 당신이라는 헌 가방은 가벼워지지도 않았는데

무거운 봄날 어디를 찾아가려고 사각의 세상이 지은 모퉁이를 돌고 도는 것일까요 순한 바람의 씨앗 같은, 서툰 당신이나 잘 익은 나의 간극을

겨울의 더께를 한 겹씩 벗으니 발가락에 새순이 돋네요 그걸 산란産卵이라 부르니 거기 앉은 새의 날개가 말발굽처럼 바빠지잖아요 저걸 볼 수 있다면 당신에겐 잉태孕胎

숲이 따뜻해지니 푸른 리듬 부풀어 오르는 복숭아빛 가는 발목이 칭얼거려요 냉정한 액정을 깨뜨리고 언 땅에 흩뿌릴 거짓말 같은 봄의 에테르를 깨우겠어요

>

개미 알처럼 흩어진 사각의 기억들
불을 켜는 마음 바닥에는 화이트, 화이트,

책갈피 속의 종이인형

먼지 쌓인 책 속에 접혀 있은 당신
다른 누구도 모르게 네 번 접힌
예리한 각이 둥근 입술이 된

여전히 당신은 묻고 답하는 두 개의 입을 가지고 있군요

꼭 말의 부피가 필요한 건 아니지
중력도 무게도 없는 눈부신 침묵의 인사

어디까지 사랑할까요?
말이 없으니 혀가 없고
귀는 그림자처럼 자라서
블랙홀처럼 깊은 당신의 눈동자엔
별 모양의 달이 뜨네요

나와 당신은 분홍과 우울한 창문처럼 먼 사이
필연이 엎지른 별자리에 심은 씨앗
대기권 밖을 떠돌며 잡은 두 손
피가 멈춰서 진공포장 된 눈물

억지로 눈을 감진 말아요
속을 뺀 했던 눈물은 지울 수 없는 흔적이에요

우리를 이해하기 위해서
혀끝에서 맴도는 서로의 파동을 해독해야 하는

오래된 먼지의 환幻으로 깨어날
여기 나는,
거기 또 하나의 나는

허밍

어둠을 키운 암실은 굳게 닫혀 있는데
흔들의자는 그 자리에 어둑어둑 누워 있다고
문틈으로 흘러나오는 푸르스름한 빛이 마른기침을 한다

앙다물었지만 열려버린 문
동공을 늘여 겨우 올려다보면
흑백필름처럼 거꾸로 서 있는 당신
겨울 숲 흰 나무처럼 차가운 손으로
동전 몇 개 넣은 필름통을 쥐어주며
길고도 먼 시간의 음표를 그려보라 한다

검게 숨죽인 눈물이 울음의 내부를 가르면
달그락거리는 어둠 조각들
얽히고설킨 필름 가닥을 헤치고 흘러나오는
신음 같은 당신의 흥얼거림은
나를 키우던 기억의 둥근 모서리들

밀랍처럼 굳어버린 호흡으로는
빛을 소리로 인화하지 못하고 이미 돌아선 당신
먹물 같은 기다림을 깨물며
마음의 부력을 억눌러야 살 수 있겠다

가까이 있는 것 보다
가장 멀리 있는 것을 믿어야 한다며
흥얼거리는 어둠을 저녁이라고 부르는 새가
추운 내 숲속을 빠져나가고 있다

해리성 기억상실증

숨은 샘을 찾아 늦가을 천은사泉隱寺를 헤맸다
소지燒紙의 재로 용龍의 눈을 마지막으로 닦아주는 일곱 번째 이렛날에야 마른 계곡 안쪽에서 아쿠아마린 빛 소沼를 찾았다
측백나무 잔뿌리와 단단한 흙을 비집고 막 걸어 나온 듯 스러졌다 돋아나고 돋았다 스러지는 크고 작은 입들을 감아 돌리는,

소용돌이치는 발아래 하늘 속으로 빨려들면서 아버지 목탁 소리를 들었다

내 기억이 오리온자리에서 왼쪽으로 가는 길을 잃었다고 차트에 씌였다
넘어져 깨진 무릎에 옻 단풍이 들었지만 다행히 밝은 별 하나는 손에 꼭 쥐었으므로, 놓친 여섯 개의 별을 찾을 수 있을 거라는 처방전이 천정에 붙여졌다
셀 수 없는 많은 말들이 파장을 일으키며 입 안을 빙빙 잡아 도는 날들이 왔다
도마뱀꼬리처럼 끊어버린 내 시간 속에는 새로운 꼬리표가 생겨나지 않았다

기억상실증이란
펴내지 못한 말들이 까맣게 물들어가는 먹감 빛 간절함,

그 구겨진 말의 발들이 어둠 밖으로 달려나오며
모서리에 홀려 구르다가 뿌리 뽑힌 측백나무가 움켜쥔 허공에
때 이른 용설란을 피워낼 때까지의
큰 보폭

가까운 타인 같은 아버지에 대한 기억으로부터 쫓겨 다니지 않아야 한다고 소리치며 바람을 만졌으나 흩어지며 사라진다
어긋나지 않으려면 당신을 비켜서지 않아야 한다

버리지 못한 말들이 오래 숨겨져 있던 물 속으로 가라앉을 때 갓 태어난 아이처럼 울어야 하는 많은 날들은 앞에서 뒤로 오는 것이다

스톡홀름 신드롬

#1 (F.I)

앞집 사내는 엘리베이터에서 만날 때마다 내 목구멍에 손가락을 집어넣었어 내가 토하는 건 치-즈, 말 없는 자의 이빨은 왜 항상 검은 거죠 날 잡아먹지 마시라니까 놓친 악어핸드백 속에서 시네마극장 티켓이 늪의 내장처럼 울잖아 25초 동안 이 호러 물物은 목젖을 덜덜덜 떨게 해 목까지 늪에 빠졌어 답답해 아, 코앞으로 달려드는 불도저의 무례한 바스켓,

1층에서 멈춰버렸어 아쉬워 핀에 찔린 잠자리처럼 뻣뻣해진 눈동자로 이 블랙박스에 갇혀 지하차고로 내려서고 싶어 목덜미를 꼭 깨물어 주면 안 될까 부서지면 좋겠어

바삭바삭 마른 날개

#2

앞집 여자는 앞집 사내의 샌드백 아주 주기적인, 퍽퍽퍽퍽, 이따금 백은 터지고 모래는 쏟아져 아파트 13층에 쫙 깔리는 해변, 13층 높이의 모세의 기적, 두들겨 맞으면 등짝의 해안선이 더 시원해지나 봐

사내의 섬과 그녀의 섬은 보름만에 한 번씩 맞닿아서
양쪽에서 감겨오는 한 통의 필름 같아

가끔 하얀 모래밭에 하트문양을 그리는 그들을 만나

#3.
위층 사내와 위층 여자 그러니까 저이와 나는
생각을 커밍아웃, 몸안엣 소리도 우리의 음향으로 바뀐

우하하하, 몸 바깥의 허니!

굵직하고 믿음직한 목소리의 인질과
갸름하고 순한 강도의 다정한 날들

진짜 살만한 세상은,
그러지 않을 거란 생각 밖에 웅그리고 있어
(F.O)

무드셀라증후군

사진가였던 그에겐
꼭 한 번은 거쳐야 하는 어둠의 방이 있어
동굴 같은 상자 속에 손을 집어넣는 순간
박쥐를 파랑새로 피워내는

그는 맹인 마술사

피사체를 죽이기도 살리기도 했던 그에게
빛은 치명적인 삶이자 죽음
어둠 속을 비쳐들던 그 눈빛 한가운데 나는 늘 서 있었어

그 빛이 나를 키웠어

점자를 읽듯 손끝의 감각으로 필름 속
나무와 숲을, 가을 강아지풀의 안타까움을,
해바라기의 검게 그을린 씨앗을
한 그림의 웃음으로 그려주었어

모든 풍경의 물음을 듣기 위해
그는 늘 두꺼운 커튼 뒤에
필름을 키보다 높이 걸어두고서
하늘을 멀리 바라보았어

>

먹먹한 시간과 그의 웃음을 떠올리면
그가 누웠던 방은 눈부시게 환해져
아직도 어두운 방 틈새에서 풀려나오는
그 빛으로 나는 숨 쉬고 있어
사진가로 사셨던 아버지,
다시 내게로 돌아왔어

스마일마스크증후군

모서리 닳은 사진 속의 그가 웃는 것은
풍경 밖의 한 사람을 위해
쓴물 삼키듯 긴 시간을 견디는 일

나도 가끔 그 겨울 속으로 들어가 언 강을 맨발로 걸어요 엄지검지 손가락으로 새긴 쉽게 지워지지 않을 발바닥 문신을 지우기 위해. 하지만 그때마다 나는 울고 그는 여전히 억지웃음을 웃어요 쓸개즙 스며든 귓속에 푸른 멍이 들었어요 저기 멀리 꼬리 긴 파랑새, 데칼코마니처럼 피어오르는 둥그런 궤적이 왜 이리 아플까요

밖으로 나와 봐요 생각의 속살을 어루만지지는 않겠어요 웃는 당신에게 왜 가면을 쓰고 사느냐고 묻지도 않겠어요 훔쳐서라도 눈부신 날개를 달아주고 가끔 새장의 빗장을 슬며시 열어주겠어요 아, 오지 않을 그때쯤은 말[言]에도 꽃이 핀다는 것을 알게 될 테죠

그가 웃으면 나도 따라 웃어요 개살구 개복숭아 혹은 개양귀비처럼, 금 간 거울 속 그 웃음이 몇 겹의 날개를 달고 날아오르고 있어요

이제 해바라기처럼
각주처럼 매일 웃지는 못할 것 같아요

데칼코마니증후군

날개를 펴지 마

처음부터 그랬어 네 왼쪽은 나의 오른쪽이 되지 못해 넌 붉은점모시나비 날개 난 공작나비 날개, 팔랑거리며 날아오를 수 없어 허공에 던져진 우리 날개를 봐 현기증이 나 날씨는 적도에 걸쳐진 마음처럼 더워 우린 임계점에 다다르고 있어 바람이 방향을 바꾸면 우리 날개를 태워버릴 수 있을까 숨이 막히고 나, 토하고 싶어 같은 시간 속으로 나를 끌어들이지 마 넌 너무 무겁고 난 너무 어두워 내가 무엇을 해야 할지 모를 때 너는 내게 묻고는 했지

어디로 날아갈 거니?

가끔은 못 본 체 모르는 체 해줄 수는 없니 우리가 같이 날기 위해서는 몰라야 할 말들이 있어 간신히 외면한 채 견뎌야 할 순간이 있는 거야 너무 가까이에 있는 네가 보이지 않아 가장 매력적인 것은 모든 것이 멈춘 뒤에 오는 거야

입술로 꽃을 열어봐 내 안의 말을 줄게

억겁의 기억 속을 다른 날개로 날아왔어 네 날개의 절반이 내 몸의 절반이라고 내 몸이 네 날개의 절반이라고 자신을 위

안했던 때가 있었지 절반이 곧 함께 라고 믿었던 그때를 기억하는 건 스치던 바람뿐이야 차라리 알바트로스가 되어 검은 하늘을 날고 싶어

날개를 접지 마

올무증후군

귀가 키운 독毒에 관한 얘기야

산란기의 암두꺼비는 수정이 끝나면 새끼들을 키워줄 뱀을 찾아다니지 몸에 꽃띠를 두른 유혈목이를 만나면 잡아먹히려고 눈을 껌벅이며 일부러 가까이 다가서지 직감적으로 귀를 닫은 화사한 허리띠, 돼지저금통 동전구멍처럼 일자로 꼭 다문 입을 피해 뒷걸음치지 두꺼비는 죽을힘 다해 붉고 푸른 긴 꽃밭 속으로 달려드는데,

이상한 건 차가웠던 꽃들의 피가 금세 뜨거워진다는 거야

듣고 싶은 말이 있는 걸까 꽃의 화신 화사花蛇는 두꺼비를 삼켜 버리지 두꺼비 귀샘에서 분비되는 독에 꽃밭은 죽어 널브러지고 알들은 그늘 속에서 한 보름 잠을 자다 깨어나지

엄마의 혈압이 낮아질수록 내 가슴엔 낯익은 꽃그늘이 졌어 그녀의 귀는 하얀 시트 위에서 말벌 집처럼 단단하게 커졌지 사랑했었다는 한마디 말이 그 귀 안에서 꿀을 먹고 자라며 또 한 보름 윙윙거렸지

눈물처럼 떨어지는 포도당링거액, 부르튼 엄마의 입술…… 하고 싶은 말이 너무 많아 엄마는 내 귀를 나는 엄마의 귀를 덥

석 삼켰지

치사량의 독毒은 아직 뜨거워서,

고흐증후군

빗금을 그은 듯 칼질해놓은 손목
덜 여문 흉터를 보았어
요즘 말로 지들끼리 하는 자해놀이래
샤프심으로 찌르기도 하고
하얗고 가는 팔목에 사랑했던 아이의 이름을 칼로 새겨
그 곁에 제 이름도 깊게 패도록 붉은색이 검어질 때까지
한 번, 단 한 번에 깊게 오래
피가 말라가는 즐거움을 천천히 느끼며
이윽고 칼에 힘이 들어가는 순간마다 붉게 새겨지는 녹지 않는 두 이름

- 안 아퍼?
- 안 아파요!
- 왜 꼭 그래야만 하는 건데?
- 그냥 심심해서요, 죽는 것도 심심 하나요?

사는 게 즐겁지도 않고 꿈꾸기도 싫어
그 무엇에도 기대지 않는 뜨거움을 감춘 얼음덩어리
아픈 것보다 더 힘든 것은 생의 부력으로부터 오는 외로움

오래전 그녀는 칼끝으로 제 손목에 입술을 그렸어 심심해서 손목을 그었던 게 아니라 더는 사랑하지 않는다는 남자의 말을

듣지 않기 위해 귀를 자르듯 손목을 긋고 또 그었어 지금도 그녀의 손목에 남자의 입술이 매달려 있어, 아직 말하지 못한 남자의 말과 이미 들어버린 여자의 귀가 함께,

구름과 거품으로 지은

거품을 뭉쳐 지은 계단을 오르니
구름으로 쌓은 부도浮屠가 떠 있다

당신은 물 위를 걷는다 하고 나는
시간이 오래 재워 둔 그늘을 밟는다 하는데
바람은 이제 막 물들기 시작한 덤불 속으로 안긴다

물끄러미 관계를 묻는 탑에 핀 이끼를 보며
단청의 무늬처럼 직설적으로 대답하는 당신
나는 애써 까칠하고 단단한 소나무 등걸의 아득한
뿌리에 눈빛을 감춘다

저물녘 복숭아 빛 가없는 숲을 지나며
거품과 구름만으로도
또 다른 생을 지을 수 있을까,
따로 또 같이 묻고 답하며 잡은 손
구름밭으로 이끌려간다

부도가 대웅전 앞 탑보다 화려하다며
죽은 뒤 어디에 묻힐까를 묻지 마세요

더는 못 돌아보는 모퉁이 없는 숲 그늘에서

거품과 구름으로 지은
당신의 심장 같은 생이 다가오고 있어요

3부

Holiday

무료해, 네가 뒤통수에 피스톨을 들이밀면
나는 혀를 내밀지
기울어진 흔들의자에 앉아 시간을 궁굴리라는 명령을 하시는군
날 선 마음의 모서리들이 뭉툭해지도록
꼬리뼈가 자라 몸통보다 길어지도록

너는 도마뱀 같은 내 몸을 인질로 잡고 말을 들어줄 귀를 구걸하지 파충류의 뇌간은 자르지 않을 꼬리를 키우진 않지 하지만 너를 꼬리처럼 딱, 떼버릴 묘안이 없군 그래 탕탕탕, 쏴버려 리볼버 총알이 머리를 뚫고 눈앞으로 날아갔으면 좋겠어 차라리 러시안룰렛을 할까?

아주 설득력 있는 말솜씨를 가진 범인이군
수차례 인질극을 벌이면서도 말끔하게 예의를 갖추는,
손끝 하나라도 건드려봐
마지막 인질은 자작나무 잎처럼 출렁거리고 싶은 거야
내가 이 탈출극의 마지막 풍경이 되면 어떨까
느려터진 그림 밖으로 뛰쳐나가고 싶어

내 속의 악마를 좋아하게 되었어 마음을 해체解體하는 시詩이거나 시屍, 온몸의 잔털들이 마른 귀를 세우고 있어 목소리에

도 색色이 있다는 것을 알게 될 거야 속삭이듯 다가오면 사랑해, 라고 하얗게 말해 줄게 이제 네가 흔들의자에 앉아 입에 피스톨을 물 차례

한순간의 바람에도 갈림길이 있다는 걸 알게 해주지
찢어졌다 뭉쳐서 좁혀오는 말들의 포위망 속에서
뜨거운 눈빛으로 웃고 있는 두 구의 시체

* Holiday / Bee Gees에서 발췌.

블랙

내가 가진 모든 덧칠된 시간들이
검은 먹지 위에 웅크리고 있어요
흰색의 시간이 자물쇠로 채워진
사원을 찾았어요
처음, 이란 가벼움은 어디에서부터 날아왔을까요
그림자 같은 하얀 나비들이
사원의 벽에 새겨져 있어요
꿈속인 듯 불러 봐도 먹지에 찍혀 나오는 건
까만 안표일 뿐
쓰러지지 않고 천 년을 견딘 사원의 성벽
그때 그 빛을
끝나지 않은 쉼표로 문지르면
그 안에 잠긴 흰빛, 꿈틀거리겠죠
삼원색처럼 중심이 퇴색해버린 흔적화석痕跡化石
수많은 색으로 섞여버린 생의 그림 속
간절함이 묻어난 빛의 가장자리가 낡아가네요
천 년 전 바람이 사원을 뒤덮은 나무뿌리를 기억하듯
검은, 빛
처음으로 돌아갈 수 있는 가장 환한 흰빛이네요

중력을 빌려 주세요

황사가 심해요. 벽에 걸린 샤갈의 그림에서 울음을 그친 곡예사가 노란 알약을 건네주네요. 흰 소는 천장의 무늬를 따라서 나풀나풀 걷고 있어요. 약기운에 졸음이 몰려와요. 목까지 끌어 덮었던 이불은 어느새 책갈피 속에서 펄럭거려요. 귀를 하늘로 쫑긋거리던 아이콘은 쿰쿰쿰 구름을 잔디밭으로 옮겨요. 품에서 달아 난 베게는 A4 위에서 요술램프 속 지니를 불러요. 구겨진 주름을 펴던 다리미는 식어버린 심장을 찾느라 거울 속으로 들어갔어요. 사방의 벽은 견고함을 버리고 흐느적거려요. 시계는 의심 가득 찬 눈으로 창문을 두드려요. 서걱거리고 희미해진 말들의 황사에 목이 말라요. 결박당한 노예의 발처럼 느린 걸음으로 버블-버블 거품을 타고 겨우 절벽에 닿았어요. 절벽 끝에서도 발끝이 간지럽지는 않아요. 아직 희뿌연 바람이 목에 걸린 가시 같아요. 귀신고래처럼 잠시 왔다 사라지려는 그때 당신, 중력총으로 나를 죽여요. 순간, 나는 물고기 신은 오리를 타고 강을 건너요. 푸드득 푸드득 걸어서 날개 단 두더지를 만나요.

당신, 과 나의 말에 중력을 빌려드릴까요?

하루살이에게

묻지 마시길
어쩌자고 온몸으로 없는 입을 대신 했느냐고

입도 없이 삼켜버린
수 천 만년을,

나무의 상처는 노랗게 뭉쳐진 순간
자궁이 되고
호박琥珀속에서
바람도 없이 더는 흉터도 없이
하루의 기억이 전생이 되는

나는 떠나지 않고서도 떠나는
시간 여행의 순례자

너무 멀리 날아온 날갯짓
목이 말라, 삼킨 울음 토해내고 싶어

가지지 못한 입으로 할 말을 품고
부패 없는 입으로 나무의 연대기가 되어
내 이야기를 말해줄 눈빛을 기다리고 있어

>

겹겹의 투명한 침묵의 방에서
예언은 봄바람의 믿음으로
태어나고 또 입 없는

하루를, 서툴게 살고

숨꽃

탁 타닥 탁!

“마음 속 당신의 꽃을 몸으로 피워보세요”
음악이 흘러나오는데
몸은 언 땅처럼 굳어 있다 아직 서투른 몸동작
쑥스러움에 눈을 감는다

긴장의 터널을 지나 장미정원을 지나 푸른 타일로 장식된 탑을 지나 주위를 맴도는 새들을 지나 빨라지는 리듬에 맨발이 달아오른다 빙빙빙 돌고 돌면 침묵의 바닥에 새겨진 무늬가 밝힌다 숨죽이고 모자이크 되었던 말들이 출렁이면 나는 이른 봄 흙을 데우고 깨어나는 어린잎이 된다 심장의 박동소리가 줄기를 키운다. 미끄러지고 비틀거리며 차츰차츰 빠르고 커다랗게 허공에 피어나는 순간,

빛이 미치지 못하는 낭하에 이른
깨어 있는 숨꽃으로
내가 태어날 때 데리고 온 빛을 만난다

고요 속에 똬리를 튼 어둠이 나를 응시한다 낯익은 목소리가 환청처럼 들린다 연둣빛 연못에 비친 오래된 무릎 뼈 같은 나
그때 누군가 눈여겨보았던가 문득 한 순간이 진묵겁의 세월로

탁! 타닥 탁!

전전긍긍

스르륵, 열린 문으로 설익은 잠이 들어와

나른해 자꾸만 눈이 감겨, 달마는 잠 자지 않기 위해 눈썹을 밀어버렸다지 하지만 나는 눈썹도 없는 걸, 누가 물고 간 차양일까 저녁에 마신 진한 커피에는 카페인도 없나 봐 또 잠이 와, 시작도 끝도 없는 태양 아래서 달은 늘 검은 강물처럼 출렁거려 간 배지 않은 밑반찬 같은 어설픈 잠이 와 고단한 설움 꼬깃꼬깃 숨겨 놓은 것도 아닌데, 내겐 듣지 못하는 귀보다 보지 못하는 귀가 더 많은가 봐

온몸이 귀가 되려고 해 심해어의 지느러미가 되고 싶은 거야 출렁이지 않으면 죽은 거라고? 천만에 권태로움이야 이 도시의 죽음은, 꽃을 보고도 시큰둥해지고 시詩를 보고도 나른해, 장마전선이 온몸을 훑고 지나가듯 잠이 와, 꿈 없는 잠은 멀겋고 무기력해 억지로 뜬 눈엔 먼지 낀 시간만이 크렁거려, 시간이 무엇인지 생각해본 적 있니? 네 영혼의 깊이를 물으면 시간이 보일 거야 들리지 않는다고? 나도 보이지 않아 잠이 와, 자다가도 구슬꿰미 꿴 마음 모서리마다 해답 없는 물음들이 가득했어 여기 있어도 여기에 없는 것 같은 봄날, 생각의 덩어리를 살펴보는 개똥벌레가 되었어 앓게 될 몸의 기미를 잠으로 구하려는 거야 흩어진 마음의 고물들을 두 손으로 궁굴리고 궁굴리다 지쳐 잠들 거야 꿈속에서 손 없는 애벌레가 되었어 비는 잠

시 쉬어 가려는지 짙은 안개 속에서도 아침은 와

때 아닌 혹은 때 늦은 길들이지 않은 잠이 와 길들이는 순간
죽음이 되는 스륵 스르륵,

카르멘의 노래

내 춤과 말[言]은 아직 기록된 적이 없어

집시의 치맛자락에서 뛰쳐나와 집시의 노래만 듣고 자랐지 아직 내 발길 닿지 않은 곳은 너무나 많아

네가 아는 최초의 집시여인이라 불러줘
푸른 멍 속에 갇혀 있는 바람아,
비릿한 슬픔을 꺼내줘

모래바람의 진원지에서부터 나는 걷기 시작했어 맨발로 뜨거운 김이 피어오르는 사막을 건넜지 말라붙은 목, 아버지 해소기침처럼 우는 겨울산을 넘어 대륙을 횡단했지 녹아버린 무릎과 귀, 쓰러지진 않아 넓은 바다를 만나면 소리칠 수 있었지 왜 이렇게 땅은 좁은 거야 보이지 않는 엄마, 지느러미 같은 치맛자락으로 양수 속을 헤엄쳤지

귀를 닫고 잠을 부르면
바람 부는 골목과 바다 한 자락을 칭칭 감아 안고 도는
그 아이의 노래 소리가 들려

내게 남은 바람은 어디 있을까 어디에도 없는 나를 찾아 걷고 또 걸었던 바람의 도착지, 치맛자락을 펄럭이며 노래할 거

야 머물지 못하고 떠도는 아픈 바람의 음표로

저곳은 내가 나에게로 가는 나만의 집의 시詩인지도 몰라
어느 곳에서든 두 개의 해는 뜨고 질 테니

알리바이가 필요한 남자

미쳤어! 미치겠어! 핸드폰을 또 물컵에 집어넣었어!
세상 모든 소리가 물에 잠겼어

색 바랜 청바지만 입나 어쩌나 치마를 입었더니 소파 위 나비는 그게 나비날개로 보였나 봐 어항을 뒤집어 엎었어 큰 물음표는 거실바닥에 데구르르 구르고 금붕어, 작은 물음표들은 통통통 뛰고 있어 이제 발톱으로 찢는군 캉캉치마 쉬폰블라우스 볼륨업브래지어 호피무늬팬티스타킹 흠흠흠, 코를 벌름거리며 문신을 새기듯 아베체데, 아베체데 게르만 4진법으로 실밥을 세며 냄새를 맡아대는군 밤꽃향기가 나긴 나는 거니? 식은 부대찌개 냄비 속 같은 마음과 옷장 속 포르말린 냄새는 어때?

턱시도 입은 나비야, 웅크린 몸을 펴봐 용암이 훑고 지나간 화석처럼 네 등뼈는 너무 딱딱해 너무 차가워 그 가지 위에 앉은 새는 어떤 체위로 어떻게 우니?

제발 의심을 의심하지 말기를! 피피피피, 압력밥솥 추는 돌아가고 나는 터질 듯이 독毒을 끓이지만

잠시 숨겨둔 네 발톱 더 이상 자라지 않기를
한 번만 더 기다려 주는 거야 완벽한 알리바이,
우아한 포즈로 다리를 꼬며 아도니스의 얼음미소를 흘리는

하얀 홍어

허브 화분을 머리맡에 두었다
안쪽에서 바깥을 깨우려는 듯
톡톡 입맛을 건드린다
창밖에 눈 내리고 창틈으로 물기가 스며든다
화
건조한 방안에 시간의 알갱이들이 구석으로 몰려든다
온몸이 눈이 되는 발효된 감각을 깨물고 싶다
솔직하고 오싹한 혀의 집요함이라니,
그 기억으로 홍어 집을 찾는다
세상 온갖 냄새를 모아 놓은 홍어
비로소 피가 도는 목소리가 톡톡 튀어 나온다
계절을 입고 벗으며 묵혀둔
질린 냄새가 몸 안에 퍼지자
온몸 구멍의 촉수가 화들짝 열린다
수 백 마리의 하얀 홍어가 빠져나간 몸
심장을 하얗게 말리던 삶의 입덧
이제 막 살발한 비구니 물비린내처럼
기울었다 차오르는 달의 몸이
감물 빛으로 부풀어 오른다

화려한 멍에

들을 귀가 없는 나는 날개에 아르고스 눈을 달았다 백 개의 눈 속으로 수천의 빛이 갇힌다 한 방향으로만 보고 들어야 하는 세상의 눈에 활짝 펴지 못한 날개를 잊는 연습을 한다 철조망 구멍사이로 햇발이 녹아내리는 오후 옆 철조망의 투계는 온몸이 병기다 걸핏하면 날카로운 깃털을 세워 바람을 위협하는 짧은 날개를 활짝 펼쳐서 철조망을 뚫고 날아오를 것만 같다 좁은 철장 안 홰에 오르지도 못하고 펼쳐지지 않는 날개 사이사이 움푹 꺼진 백 개의 눈동자 좁은 중력 사이의 긴장이 시멘트 바닥을 쓸고 있다 바닥을 끄는 깃은 닳아지고 뭉뚝해져 미로의 궁을 탈출하기 위한 욕망마저도 시들어버린 지 오래 바닥에 떨어져 여기저기 굴러다니는 눈알을 밟으며 허공으로 부르는 울음소리, 날기 위한 욕망의 크기는 스스로에게 감옥이 되는,

발 없는 새

바람 속에 갈비뼈를 뉘었어 전기 플러그를 꽂아줘 허름한 여관에 가두고 때려도 바이올린만은 함께 있게 해줘 계절이 바뀌기까지 일기예보 시그널처럼 너와 함께 흔들려야만 하니 비바람에 방향을 잃은 우산을 붙드는 것은 이중주를 켜는 것 같았어 한 개비 담배 연기 속으로 내 영혼이 날아가지는 않아 나는 언제라도 바리스타 커피를 마시고 싶을 뿐이야 심장이 쿵쿵쿵 발등을 찍듯 빠른 연주를 하면 네 귀는 바퀴달린 소라껍데기가 되지 그때 나는 보싸 보싸 흥얼거리다 도리질치는 검은 야생마가 되는 거야 크로스오버 주파수에 맞춰진 네 귀는 데킬라를 마신 듯 뜨거워질 거야 그 순간, 클로징멘트를 들으며 너는 리셋 되고

나는 바라나시로 가는 비행기 표를 가진지 이미 오래,

검은 장미꽃 아래 모닝벨시계가 시들어가고 있어 전기 플러그를 뽑아줘 말하지 않는다고 마음에 가시가 없는 것은 아니야 뉘어진 갈비뼈는 춤추는 바이올린이 될 수 없어 일어설 거야 조각난 심장에서 흘러나오는 연주를 들으면 하늘에서 유성비가 내려 너 같은 짐승의 눈으로는 볼 수 없어 다시 무대에 서는 날 찾고 싶어 연주는 계속 될 거야 커튼콜 앞에 핀 붉은 장미꽃을 부탁해

>

노노노, 노이즈는 들리지 않아 나의 애드립을 기억해 줘 이미 포맷된 나의,

버찌

사라지는 것들의 흔적은 붙잡을 수 없어

잘 익은 버찌를 깨문 입술
슬픔의 징후는 슬픔 직전에 뿌리가 있어
미사 시간 복사를 보는 소년처럼
가만히 저녁이 오는 골목에서
사춘기 앓을 때의 저주처럼 기도를 해

회색빛 원피스가 맞춤이던 뒷모습을
빛이 사그라질 때까지 눈으로 되새김질해
그때 버찌는 익을 만큼 익어서 피눈물을 뚝뚝,

텅 빈 골목
그림자가 남겨 준 바람의 눈동자 속에
씹지 않고 삼킨 까만 버찌
벚나무 등걸처럼 가슴에 옹이 맺힌

버찌가 익을 무렵

사라지는 것은
직전에 감당할 수 없을 만큼의
짧은 봄 같은

순간,
그때의 봄을 놓치지 않아

버찌가 익을 무렵이면

4부

시치미 품다

천장대 라마승이 던져주는 살덩이를 먹고 살던 독수리 형제

첫아이 울음이 달팽이관을 돌아 탯줄을 자른 후에도 산모는 산통을 느꼈다. 자궁 속에 시치미를 떼어 놓은 둘째 아이의 탯줄은 쉽게 잘리지 않았다. 목에 탯줄을 친친 감고 아홉 개의 목숨을 가진 고양이 사주를 가진 아이. 어미의 품에서 나락 같은 긴 숨을 내쉬었다. 첫이레를 넘기지 못하고 마지막 울음이 바위 속으로 스몄다.

아이를 입양하고 입열기떡을 나눈 몇 달 뒤에서야 말을 잃어버린 것을 알았다. 처음 안았을 때 가슴을 찌르는 냉기가 느껴졌다. 언 가슴을 떼어 놓고 돌아온 며칠 밤을 바윗덩이가 가슴을 짓누르는데 두근두근 숨소리가 들렸다. 가위에 눌려 일어난 아침 차갑게 굳은 아이를 다시 품었다.

마애불 앞에서 아이의 목소리를 듣는다.
천 년 전 새겨놓은 말을 바위가 품고 있다.

높이 떠서 정지 비행하는 독수리 한 마리

두 개의 달이 뜨는 저녁

저녁 물소리에 귀를 씻는 천년 은행나무는 감춰둔 우물에 뿌리를 내리고 있다

너무 늦은 게 아닌지 기웃거리는데 문득 서쪽에서 잠자던 바람이 텅 빈 절 마당을
쓸고 간다

금지된 이유만으로 마음을 더 깊게 끌어당기는 외인출입금지
단단하게 여민 문으로 들어서면 흐르지 않는 시간 속에 갇힌 그곳에 두 개의 달이 뜨는 우물이 눈물처럼 고여 있다

물그림자 속에서 선잠 깬 아이처럼 울고 있는 당신, 칼끝으로 심장을 저미는 소리 뼈아프게 들린다

지금 이 순간의 손을 놓치지 않으면 다음 생을 건너가 같은 하늘을 서로 기억할 수 있을까

눈 감고도 찾을 수 있는 물 내음
피하지 못한 물길 닿는 곳마다 생겨나는 당신과 나의 지느러미
지워졌던 신음이 들려온다

>

메말라 서걱거리는 우물의 말을 듣지 못하고 물비늘을 떨어뜨린 두 개의 달그림자 바닥에 누워
오래된 실타래를 풀고 있는

지금 우리의 우주는 네 개의 눈으로 밤새워 울고 있다

감포

금서禁書처럼 펼쳐진 시간은
당신과 나의 기억창고

솔잎에 찔린 바람이 넋두리하는
늙고 야윈 해변의 가슴

굳은살 박힌 당신의 슬픔 같아서 호호호 입김 불며
잘게 흩날리는 눈송이의 설렘을 나눠 쉰다

지금 이 순간 말은 없어도
살아온 생의 전부를 함께 느낄 수 있어
다시 생을 잇는 수만 겹의 파도가 일고

낯선 먼 곳까지 온 오로라 물고기처럼
펼친 마음의 갈피를 안고 검은 바다를 건너야 하는

서둘러 왔던 어둠이
안 보이는 시간의 결을 어루만지면
검푸른 길이 움츠렸던 오금을 편다

질문도 대답도 없는 여백의 포구에서
그믐달의 기운이 도와 사랑에는 아무런 목적이 없으니

우리의 얼굴은 서로를 닮아가려 한다

별의 뒷모습

별빛 아래 걷던 그가 보폭을 맞추며
“세상에서 가장 먼 곳을 봐요”

그때 잠시 검은 바람이 불고

3억 광년이 나를 꿰뚫고 지나간다
그 걸음으로 걸으면
죽어도 아니, 다시 태어나도 가 닿지 못하겠다했더니
수줍게 웃는다

먹빛 밤하늘을 당겨 놓으며 별자리를 짚는다
자 봐요 가을엔 안드로메다페가수스양자리……

허기품은 바람처럼 없는 네가 나를 밀고 나간다

모든 별들이 눈을 감았던 순간을 기억하며
지금 내가 할 일은 더욱 내가 되는 일

그가 세는 별자리 수만큼 내 귀가 자라기 시작했고
서리 입은 바람 불던 날
몇 겹의 그늘이 담긴 부스러기별은 흩어졌다

>

그가 지상의 반대편으로 타전한
“샐비어가 피던 그 자리” 라는 모스부호를 들으니
물에 잠긴 듯 귀가 먹먹해진다

부스러기별을 가슴에 품고 더 어두운 곳에서
별을 배웅하기 위해 새벽은 오고
야누스의 눈에는 보이지 않을 갓 태어난 별자리에
기러기 눈빛이 터널처럼 길고 검다

지두화

읽어 보셨나요?
네 들어 보았습니다
배경은 꽃 그림인가요?
아니요 붓을 그릴까 합니다
손에 먹을 묻혀 붓을……
아! 지두화요
네, 빛을 모아서 먹이
색을 머금는 때를 기다려야 해요
그 순간 검은 물은 출렁
소리를 불러내지요

그와 나는 문자로 통화를 한다
시화를 부탁하면서 가 본 그의 작업실은
귀 아프게 소리를 지르고 있는 음악과
학이 날개를 펼쳐 날 듯한 사방 벽의
화선지가 하얀 여백으로 서 있었다

마무리를 기다리며 우두커니 서 있는 작품들
표구까지 말끔한 연미복 차림의 액자
검은 향이 피어오르는 찻잔에 그의 지문이 새겨진다

높은 열이 몸을 정화시킨 듯

사나흘 앓은 이후부터 세상의 모든 소리를
지문으로 보고 듣는 농담처럼 잘 번진 그의 말이
핸드폰 액정에서 흘러나온다

그러는 사이

이제 그만 눈을 떠 제발
검은 보자기를 둘러쓰고 살던 그가
요즘은 바가지를 눈 아래까지 뒤집어쓰고
귀도 눈도 바가지 속에 밀어넣고 죽을잠 자고 있다

봄이 되면서 억지로 바가지를 벗겨내고
또 다시 검은 망토 같은 안경을 쓴, 그와
꽃을 심는다
이팝나무는 오가는 길목에
어린 매화는 작년에 꽃을 본 큰 매화 곁에
욕심내어 무 상추 씨앗을 품을 흙을 깨운다
그러는 사이 그는 벗겨지지 않는 망토를 들여다보며

금을 긋자 한다

나무는 나무로
꽃은 꽃으로
채소는 채소로
영역표시하는 짐승처럼 갈기를 세운다

비석에 비문을 새기 듯 지워지지 않는
확고한 목소리로 선명한 금을 긋자 한다

>

그러는 사이 나는
물바가지에 물을 가득 담아
잎 없이 마른 이팝나무 발등에
서둘러 향기 내는 매화의 귓볼에
씨앗 품을 텃밭의 가슴에도 물을 준다
흙에서 흙으로 물이 번져가고
바람이 잠잠해지자

번짐이 멈춰 선*

물로 그려진 금
햇살을 머금더니 어느새 지워진다
다시 바람은 불고 그는 아직
검은 망토를 두 귀에 걸치고 있다

* 박민규 더블에서 인용.

탱고의 역사

스텝을 밟으면 발그레 해지는
그것은 無言歌

달리아 입술이 막 붉어지는 그때부터
말 없는 노래는 시작되고
타오르고 타오르는 리듬
쿵쾅거리는 가슴은
뜨겁고 빛나는 곳으로
가기 위해 밤바람을 타고 넘는 불나방

온몸이 뜨거워져 멈출 수 없는 것은
붉어지며 뒤틀리는 태양의
심장을 키우는 일
리듬 밖으로 튕겨져 나오는
입술을 깨무는 일
이제 그만, 수밀도 같은 사랑아
기우뚱해지는 때를 기다려
우리의 내부는 투명하게 구체화 되었으니

그런 낮의 불빛 한 송이 지축 뒤로 숨어
광장엔 달빛만 가득하고
더운 몸으로 처음 만났던 밤처럼

>

세상의 끝에 누가 또 불을 켜는지
그 길 따라 얽히지 않는 역사는 멈추지 않고
당신과 나의 스텝은 다시 시작되고

쎄라티데*

비 오는 날이면 허리에 지느러미가 자라는
나는 전생에 물고기였다

모여드는 먹구름
21층 안마시술소 유리창을
후두득 툭툭 두드린다

가늠하지 못하고 내려간 바닥은
수심 270m
견딜 수 없는 수압과 어둠
부릅뜬 눈으로도 아무 것도 보이지 않아
차라리 눈을 감는다

잘 벼린 비늘과 세상의 기미를 감지하는 지느러미로
바다의 혈맥, 아픈 부위를 짚어내고 풀어준다
경직된 근육을 주무르고 만지며 각진 바다의 모서리들이 순해질 때
한 겹 한 겹 파도를 차고 오르며
파고에 익숙해진 몸과 손은 환한 눈이 된다

바다에도 문이 있다
제 몸집 보다 큰 입으로 먹어버린 불운

자궁에서 벗어나오는 빛이 되어
청동방패처럼 견고한 바닥의 수면
밖으로 나갈 푸른 문이 있다

수심을 알 수 없는
세상에서 가장 깊은 운명

다음 생에도 물고기로 태어나기 위해
나는 눈을 잃어야 한다

* 바다의 바닥에 사는 심해어.

다케이*

마임을 하는 그는
회백색의 바디 페인팅을 하고서
리듬에 맞춰 관객과 이야기를 나눈다

몸으로 말하는 그의 숨구멍마다
입이 매달려 있다
붉은 색 두건을 쓴 민머리 아래 깊은 눈매는
들리지 않는 귀를 대신해 세상 소리를 모은다

반라의 갈비뼈 사이
숭숭거리는 바람의 추임새로
허리를 비틀고 다리를 꺾기도 하면서
그의 춤과 달빛이 함께 흐른다

마른 눈으로 견뎌 온
가시 돋친 말을 듣고 말하는 것처럼
땀으로 빚은 말이 강물처럼 출렁인다
모든 것은 흘러가 다시 돌아오지 않는다고
들숨과 날숨 사이 그의 깊은 눈은
배음背音으로 깔린 바람 숲을 응시하고 있다

바람처럼 가볍게 혹은 강하게

빛을 나르는 시베리아 자작나무 같은

저 태양의 몸이 눈부시다

* 다케이 : 귀가 들리지 않는 마임 무용수.

11월

덧니를 뺐다
눈물 속에 날카로운 유리조각이 빛났다
반갑지 않은 빗속에서도 시간은 제 몸을 키우고
비바람에 하늘이 흘러간다
열정 없는 카드놀이처럼 지루한 먹구름 속에서
어두운 계단을 밟고 내려간다
선잠이 발끝에 매달리고 불안한 계절의
계단 모서리마다 멈추지 않는 선혈처럼
붉은 곰팡이 옷을 입었다
내 몸에 박힌 뿌리가 끊어질 때
우지끈, 숲이 흔들렸던가
온전히 내 것일 수 없는 내 것도 있어
덧니의 빈자리가 크다
벌목을 마친 사내는 아무렇지도 않은 듯 돌아서고
겹쳤던 자리 우묵하고
아직 피는 멈추지 않는다
그때, 네 별자리를 세상 밖으로 내 놓으면
기나긴 우기가 시작 될 거라는
그의 말이 생니를 뺄 때처럼 무덤덤하다
비는 그치지 않고
목덜미를 누르는 불편한 마음짐승
하늘이 파랗게 따뜻해지도록
과하시過夏柴 몇 장 지펴본다

바람의 내부에서

사라진 계절에서 택배가 왔다

은빛 비늘이 가지런히 박힌 바람 한 근
부화를 반 쯤 끝내
낯설고 위태로운 하루를 움켜쥘
뭉툭해진 발톱이 기억의 틈을 비집고 나온다

얼굴도 목소리도 부서지고
얼크러지고 흩어져버린 조각들
여기가 어디야? 밥 줘……
같은 말을 수없이 반복하다 보면
고맙다는 말은 이미 퇴화된 골반

꽃무늬 원피스가 당신 옷이라며
어깨에 두르고 다니던 지난 봄
벚꽃은 흐드러지고 미로 속을 돌고 돌았지

땅콩을 까먹는 오후 5시
보낸 택배를 잊은 채
매일 매일 흩날리는 바람의 집 주소를 묻고
바람을 훔쳐 갔다며 당신의 입술이 바람[風]처럼 투덜거린다

>

굳게 닫힌 텅 빈 당신 방
겨울이 오고 있으니 두꺼운 옷이 필요하겠지만
오늘 새로 난 어린 뿔이 또 다른 기억을 훔친다

해변의 묘지를 지나며

깊고 푸른 거울 속 터널
적도 무풍대를 지난다

태풍보다 두려운
바람 없이 무덤덤한 거울
물어도 답을 얻지 못하는 호기심처럼 어두어진다
새의 깃털에라도 묻어 날아가고 싶은데
수직으로만 불던 바람이 잠잠하다
한 치 일렁임 없는,
들여다보면 차오름도 이지러짐도 없는 달빛
날짜 변경선을 넘으며 어제의 내가
거울 속에서 깊은 잠에 빠져 있다
깨진 금 사이 감춘 빙하처럼 크레바스에 갇혀
고여 있지 않는 고요함으로 자유로운
폴 발레리의 영혼의 문장 속에
내 말절골을 풀어 묶는다
이윽고 바람이 무릎을 편다
바람꽃 뿌옇게 일어나는 거울
돛배가 먹이를 쪼고 있던 이 조용한 지붕을*
젖은 신문지로 꾹꾹 눌러 닦는다
적도 무풍대에 바람이 분다
길고 딱딱한 그림자 같은 내 울음소리 들린다

* 폴 발레리 해변의 묘지에서.

해설

너로부터, 세계로부터 투명해지는 나는

이승희 시인

너로부터, 세계로부터 투명해지는 나는

이승희 시인

시인은 온전히 혼자다. 혼자여야 한다. 세계에 대한 발견은 거기에서부터 시작되기 때문이다. 나와 관계 맺은 모든 것들이 하나의 우주이고 세계라고 할 때 그 관계의 이해와 오해로부터 투명해지는 것, 가능한 한 멀리 달아나는 것, 그것으로 세계를 보여주는 것이 시, 시를 쓰는 행위가 될 것이다. 그리고 그것은 시인이 스스로 대면한 세계에 홀로 어떻게 대응하고 반응하는가를 통해 나타나게 된다.

따라서 나와 말과 시이, 나와 세계라는 관계에서 일정한 거리를 확보하는 일은 매우 중요하다. 그 거리는 일정할 수 없으며 가능한 최대치와 최소치 사이를 자유롭게 오갈 수 있어야 한다. 아니, 최대치와 최소치를 한없이 늘리거나 줄여가는 일이기도 하다. 황경숙의 시에서 나타나는 거리 두기는 이 사이의 틈을 집중적으로 관찰하면서 이를 통해 새로운 자신만의 상상력의 세계를 확보하고 있다. 거리는 틈이 되고 그 틈을 통해 시인이 보게 되는 세계가 곧 시인의 시각이 된다. 그런 측면에서 시인이 근원적으로 가지고 있는 불안조차도 불안 자체로 존재하지 않고, 불안의 변용을 통한 새로운 감각과 꿈꾸기가 가능해지는 것이다.

황경숙의 시에서 느껴지는 건조함은 그러한 거리 두기를 통해 자신과의 싸움을 진지하게 확장하는 데 몰두하고 있기 때문으로 보인다. 오늘을 빌어 섣부르게 내일을 이야기하기보다는 오늘의 불안으로부터 자연스럽게 내일을 담보하는 독특한 의식세계를 보여준다는 점에서 주목할 만하다. 또한, 황경숙 시인은 오늘의 불안에 대해 매우 담담한 시선을 보여준다. 물론 그러한 담담함조차 불안한 상황을 벗어나고자 하는 또 다른 의지의 표현이긴 하지만 그것은 일정한 거리 두기를 통해 스스로 혼자이고자 하는 세계에 대한 다른 방식의 대응이라고도 말할 수 있다.

아주 범박하게 말해 우리는 시를 왜 쓰는가. 자유로워지기 위해서다. 지금 내가 발 딛고 서 있는 이 불안으로부터, 나를 억압하는 숱한 관계의 틀로부터 자유롭고 싶어서인 것이다. 문제는 자유로워 지고자 하는 시적 자아의 의지가 그러한 현실에 맞서 어떻게 반응하고 대응할 것인가의 문제다. 여기서 한 발 더 나아가 세계에 대한 탐구는 내가 나로부터 더 멀리 가기 위한 것이기도 하다. 그것은 곧 세계의 확장이기도 하다.

> 방부제에 절은 유리병 속을 들여다보는
> 희귀한 나비 채집자의 눈빛처럼
> 그림 안에서 나는 발길을 떼지 못하고
>
> 어깨는 나란히 거리감 없이
> 물끄러미 바라보는 이 대상은 비대칭, 무너지는 한 쪽의 감정

여백을 채운 순간들이 돌처럼 튕겨져 나오면
말랑하고 고요한 암호처럼 드러나는 초벌그림

굳게 잠겨 있던 밑그림에 파상선 몇 줄 그려 넣는 것만으로
삶의 제목이 될 수 있을까

그림 속 심장이 어디로 튈 지 알 수 없어
무제 혹은 미완성이라는 지상의 마지막 그림인
나,

—「보이지 않는 제목」 부분

우리는 우리 생에 대하여 어떤 제목을 붙일 수 있을까. 아니 제목 있는 생이 있기나 한 것일까? "방부제에 절은 유리병 속을 들여다보는" 존재는 과연 나일까? 아니면 나라는 세계를 들여다보는 또 다른 세계일까. "물끄러미 바라보는 대상은 비대칭"일 수밖에 없으며, 비대칭의 세계이기에 우리는 존재한다고 말할 수 있다. 비록 낮은 쪽의 감정이 무너진다 한들, 그런 움직임이 살아있을 때 비로소 세계는 완성되어가는 것이다. 즉, 움직임 자체로 존재하는 질서의 세계 같은 것이다.

따라서 대칭의 기울어진 부분에 대하여 섣불리 그림자로 치부하거나 패배의 모습이라고 단정해서는 안 된다. 비록 "말랑하고 고요한 암호처럼 드러나는 초벌그림"으로 존재한다하여도, "무제 혹은 미완성"으로 존재할지라도 그것이 이 세계에 대응하는 '나'라는 존재임을 인식한다면 그것은 분명 '지상의 마지막 그림'이 된다. 그러므로 나의 '심장은 어디로 튈지 알 수 없다'는 인식이 가능해진다. 나는 여전히 밑그림의 세계이기

때문이다. 그럼에도 밑그림으로서의 존재인식은 시인의 시적 세계 전체를 지탱하면서 새로운 꿈을 꾸는 바탕의 무늬가 된다. 제목을 굳이 알아야 하는 것은 아니다. 보이지 않는다고 보이지 않는 것은 아니다. 보이는 것들에게로 집중되면 보이지 않는 것들의 세계는 더욱더 알 수 없다고 보면 존재로서의 미지에 대한 성찰과 탐구가 시인의 새로운 세계로의 확장이라는 면에서는 매우 중요한 가치를 가질 수밖에 없다. 이처럼 주체와 세계와의 결핍이 만들어 내는 세계는 시집의 표제작이기도 한 「그린란드 보고서」에서도 분명하게 드러난다.

> 입술이 떨어져 발등에 툭,
>
> 태양이 끝나는 곳 얼어붙은 땅에서
> 숨겨둔 자식의 이름
> 스노우 스노우
>
> 말하는 동물의 언어 뜨겁지 못해 차가운 피
> 굳게 닫혔던 응고된 말들을 꺼내려고
> 불안한 발음으로 당신을 부른다
>
> 날카로운 따뜻함으로 웃음을 베면
> 흰빛으로 가득했던 심연은 흐르고 흘러
> 눈을 가리는 흑야
> 당신에게서 내가 보이지 않는다고 말할 때
> 그 고백은 단지 미래의 크레바스
> 영원히 변하지 않을 것 같던

그때 본 별은 지워진 얼굴처럼 흘러내린다

아주 높고 깊은 곳까지
돌이킬 수 없는 기대할 수 없는 반전의 반전
하얀 묵시록의 절대공간
당신의 모든 것은 날씨에 맡겨야 하리

당신 심장이 세상 끝으로 투둑,

—「그린란드 보고서」 전문

우리는 언제 어디서나 세상을 만난다. 그리고 그 일상의 이면에서 또 다른 세계를 생각한다. 세계는 우리에게 어떻게 오는가. "입술이 떨어져 발등에 툭" 그렇게 오기도 한다. 그것은 이제껏 없던 새로운 세계, 아니 새로운 세계를 보는 일이다. 일상의 관념화된 세계에서 벗어났을 때, 일상의 관념이 지배하는 세계로부터 자유로워지고자 할 때 우리는 새로운 상상력을 통해 세상을 볼 수 있다. 그것은 미지未知의 것으로부터 오는 새로운 세계인 동시에 시인이 새롭게 발견하는 세계이다. 발견은 일상에서 이루어지지만 그러한 발견의 주체자는 그 너머 "태양이 끝나는 곳 얼어붙은 땅"으로까지 의식의 확장을 가져간다. 이 시는 그러한 의식의 변화를 조심스럽게 보여준다.

그것은 이제껏 없던 세계를 여기로 가져오는 일이기도 하다. 황경숙의 시에서 이러한 세계인식의 발현은 시인의 시 세계를 이루는 아주 중요한 바탕이다. 이러한 발견을 근거로 펼쳐내는 상상력은 세계의 주체자로서 자신의 세계를 확장하는 일에 몰두하게 하는 힘이 된다. 그러나 그런 과정이 만만할 리

없다. "당신에게서 내가 보이지 않는다고 말할 때/ 그 고백은 단지 미래의 크레바스"에서처럼 통상은 인식의 한계를 넘어서기 일쑤다. 그러나 그 때문에 인식의 한계를 넘어서는 새로운 인식도 가능해진다는 면에서 여전히 주체적인 측면을 보인다.

일상의 세계는 늘 우리 앞에 존재하고 있지만 그 일상의 세계만큼 단단한 것도 없다. 이미 다 보인다고 생각하고 있지만 사실 무엇을 아는지 되묻는다면 어떤 대답도 어려운 일이다. 그만큼 완강하다. 그것은 우리가 다 안다는 생각에서 빗어나지 못하기 때문이다. 결국 그런 완강함은 우리 스스로 만들어낸 것에 다름 아니다. 새로운 발견이란 그런 완강함에 틈을 만들고 나아가 세계와 나 사이의 경계를 얼마나 자유롭게 오갈 수 있느냐의 문제일 것이다. 이는 다시 말하면 내가 안다고 생각하는 세계에 대해, 나에 대해 회의하고 질문하는 것으로부터 시작되는 것이다. "너와 내가 닮은 유일한 언어가 뒷모습뿐이라는 생각이 들 때 과거와 현재 사이에 너라는 미래는 존재하지 않는다"(「프로타쥬」)로 나타나기도 하고, "페이지마다 깊이 숨겨 놓은/ 속내를 보이지 않는 너의 물끄러미"(「포커페이스」)로 보이기도 한다. 또한 "새는 바위의 단단한 무릎으로 입을 닫고/ 바위는 새의 입으로 어둠을 실어 나르는데// 사람들은 왜 우리가 밤새 춤춘다고 하는지"처럼 몸을 바꾸거나 함께 춤을 추는 몸꾸기도 가능해진다. 그리고 그러한 경계나 틈은 늘 날이 서 있어야 할 필요는 없다. 오히려 다정하게 이름불러줄 수 있는 자리가 되기도 한다.

먼지 쌓인 책 속에 접혀 있은 당신
다른 누구도 모르게 네 번 접힌

예리한 각이 둥근 입술이 된

여전히 당신은 묻고 답하는 두 개의 입을 가지고 있군요

꼭 말의 부피가 필요한 건 아니지
중력도 무게도 없는 눈부신 침묵의 인사

어디까지 사랑할까요?
말이 없으니 혀가 없고
귀는 그림자처럼 자라서
블랙홀처럼 깊은 당신의 눈동자엔
별 모양의 달이 뜨네요

나와 당신은 분홍과 우울한 창문처럼 먼 사이
필연이 엎지른 별자리에 심은 씨앗
대기권 밖을 떠돌며 잡은 두 손
피가 멈춰서 진공포장 된 눈물

억지로 눈을 감진 말아요
속을 뻰 했던 눈물은 지울 수 없는 흔적이에요
우리를 이해하기 위해서
혀끝에서 맴도는 서로의 파동을 해독해야 하는

오래된 먼지의 환幻으로 깨어날
여기 나는,
거기 또 하나의 나는

—「책갈피 속의 종이인형」 전문

이해한다는 말은 그 안에 숨겨진 예리한 각을 알고 있다는 말이다. 세상 모든 둥긂 속에는 얼마나 많은 날카로움이 숨겨져 있는지 모른다. 그 숱한 각들이 모여 이루는 둥긂의 세계는 어쩌면 맞서서 대립각을 세우기보다 어려운 일이기도 하다. 그렇다고 이해한다는 것이 그 세계로의 편입이나 동화됨을 말하는 것은 더욱 아니다. 존재로서의 인정이고, 그러한 인정을 통해 주체자로서의 자리를 확보하는 방법이 되기도 한다. 이는 동의를 통해 더욱 확장되는 세계를 볼 수 있다는 면에서 그렇다. 동의하는 마음이란 말없이도 서로 볼 수 있는 것, "꼭 말의 부피가 필요한 건 아니"다. "중력도 무게도 없는 눈부신" 무엇이다. 동의하는 마음은 새로운 움직임을 만들어내기도 한다. 대상에 대한 깊은 집중은 주체와 타자의 세계 사이를 보다 긴밀하게 비워내고 그 사이의 간극에 긴장감을 더한다. 그러나 이러한 긴장감의 결과는 어쩌면 중요한 것이 아니다. "말이 없으니 혀가 없고/ 귀는 그림자처럼 자라서/ 블랙홀처럼 깊은 당신의 눈동자엔/ 별 모양의 달이 뜨네요". 끊임없이 긴장관계의 움직임을 만들어내는 과정, 그것이 대상의 집중으로 만들어진 결과이기 때문이다. 그럼에도 살아있다는 것은 그런 긴장을 바탕으로 성립된다는 점에서 주목할만하다. 또한 "무거운 봄날 어디를 찾아가려고 사각의 세상이 지은 모퉁이를 돌고 도는 것일까요 순한 바람의 씨앗 같은, 서툰 당신이나 잘 익은 나의 간극을"(「소셜 라이트」)에서처럼 세계와 합일할 수 없는 틈을 '한 바람의 씨앗'으로 받아들이기도 한다.

그러나 더욱 중요한 것은 황경숙 시인은 동질감의 세계를 꿈꾸지는 않는다는 것이다. 동질감이 주는 안락함은 어쩌면 또 다른 일상을 꿈꾸는 모습일 수 있기 때문이다. 오히려 동질감으로부터 멀어짐으로 자기 존재를 확인하고자 한다. "나와 당신은 분홍과 우울한 창문처럼 먼 사이"이며 "필연이 엎지른 별자리에 심은 씨앗"이라는 선언이 그렇다. 멀어질수록 희미해지기만 하는 것은 아니다. 멀어진 거리는 그들이 사랑한 거리라는 역설이 가능하기 때문이다. 그러므로 "우리를 이해하기 위해서/ 혀끝에서 맴도는 서로의 파동을 해독"한다는 것은 동질감의 회복이 아니라 "여기 나는/ 거기 또 하나의 나"에 대한 진정한 이해를 시도하게 된다.

동질감의 회복이 아니라면 이해는 무엇을 위한 것인가. 그것 역시 주체로서의 세계의 확대에 있다. "우린 서로에게 질문하고 대답하듯/ 벽의 안과 밖에서 쓰라린 눈을 비비고 있다"(「흉터 속으로」)."가까이 있는 것 보다/ 가장 멀리 있는 것을 믿어야 한다"(「허밍」)는 자각과 함께 "가까운 타인 같은 아버지에 대한 기억으로부터 쫓겨 다니지 않아야 한다고 소리치며 바람을 만졌으나 흩어지며 사라진다/ 어긋나지 않으려면 당신을 비켜서지 않아야 한다"는 각오에 이르기까지 맞서는 것에 대한 이해는 자신을 더욱 투명하게 하는 자의식이 된다.

미래가 희망이 되기 위해서는 오늘의 불안으로부터 먼저 벗어나야 한다. 하지만 때로 미래는 오히려 오늘의 불안을 불러온다. 우리는, 나를 제외한 또 다른 나와의 관계(세계)에서 늘 거리 조절에 실패하는 존재들이다. 그 실패로 상처받으며, 불안함의 징후로 끊임없이 긴장하게 된다. 그러나 끊임없는 실패가 이어져 오늘이 되고 내일이 되어간다. 이 쓸쓸한 사실로부터 누구도 자유롭기는 힘들다. 그러나 오늘 우리가 살면서 무엇인가를 쓴다는 것은 그러한 상황으로부터 놓여나거나 적어도 그런 상황을 분명하게 인식함으로써 내일을 희망으로 바꾸고자 하는 데 있다. "고요가 쌓이면 바위가 될까. 만트라 속에 네가 있다. 뜨거워진 피가 나를 위로 하고 있다. 휩쓸리지 않아야 한다고 너와 나의 적당한 거리를 찾고 있다." (「데리가타」 부분). 휩쓸린다는 것은 주체를 잃고, 이미 관용화된 세계의 질서 속으로 함몰되는 것이다. 그것은 세계의 확장일 수 없으며, 자신의 주체를 내려놓는 행위에 다름아니다. 결국 적당한 거리찾기는 세계가 존재하는 한 운명적으로 계속될 수밖에 없는 구조이다.

날개를 펴지 마

처음부터 그랬어 네 왼쪽은 나의 오른쪽이 되지 못해 넌 붉은점모시나비 날개 난 공작나비 날개, 팔랑거리며 날아오를 수 없어 허공에 던져진 우리 날개를 봐 현기증이 나 날씨는 적도처럼 더워 우린 임계점에 다다르고 있어 바람이 방향을 바꾸면 우리 날개를 태워버릴 수 있을까 숨이 막히고 나, 토하고 싶어 같은 시간 속으로 나를 끌어들이지 마 넌 너무 무겁고 난 너무 어두워 내가 무엇을 해야 할지 모를 때 너는 내게 묻고는 했지

어디로 날아갈 거니?

가끔은 못 본 체 모르는 체해줄 수 없니 우리가 같이 날기 위해서는 몰라야 할 말들이 있어 간신히 외면한 채 견뎌야 할

순간이 있는 거야 너무 가까이에 있는 네가 보이지 않아 가장 매력적인 것은 모든 것이 멈춘 뒤에 오는 거야

입술로 꽃을 열어봐 내 안의 말을 줄게

억겁의 기억 속을 다른 날개로 날아왔어 네 날개의 절반이 내 몸의 절반이라고 내 몸이 네 날개의 절반이라고 자신을 위안했던 때가 있었지 절반이 곧 함께 라고 믿었던 그때를 기억하는 건 스치던 바람뿐이야 차라리 알바트로스가 되어 검은 하늘을 날고 싶어

날개를 접지 마

—「데칼코마니증후군」 전문

데칼코마니는 종이 위에 물감을 두껍게 칠한 후 반으로 접거나 다른 종이를 덮어 찍어서 대칭적인 무늬를 만드는 기법이다. 하나의 세계가 그대로 옮겨진다는 점에서는 복제에 가깝지만 그러한 대칭을 통해 완성되는 것은 새로운 세계이다. 그러나 주체와 세계는 절대로 완벽한 대칭을 이룰 수 없다. "처음부터 그랬어 네 왼쪽은 나의 오른쪽이 되지 못"한다. 이것은 임계점에 이를 때까지 계속된다. "억겁의 기억 속을 다른 날개로 날아왔어 네 날개의 절반이 내 몸의 절반이라고 내 몸이 네 날개의 절반이라고 자신을 위안했던 때가 있었지 절반이 곧 함께 라고 믿었던 그때를 기억하는 건 스치던 바람뿐이야 차라리 알바트로스가 되어 검은 하늘을 날고 싶어"에서 보듯이, 이것은 단순한 대칭의 세계를 꿈꾸는 것이 아니라 대칭의 세계를 통

해 비로소 완성되고 확장되는 또 다른 세계에 대한 이야기이다. 그리고 그러한 대칭의 세계는 "입술로 꽃을 열어봐 내 안의 말을 줄게"처럼 긴밀하고 적극적인 순환의 관계이다. 닮고 이해하는 것을 바탕으로 완성되는 세계에 대한 꿈은 어쩌면 가장 궁극적인 세계일 것이다. 그러한 대칭은 고정되고 불변의 것일 수는 없다. "날개를 접지" 않는 움직임으로서의 균형과 질서가 살아있는, 그것으로서의 새로운 확장에 대한 꿈이다.

온몸이 뜨거워져 멈출 수 없는 것은
붉어지며 뒤틀리는 태양의
심장을 키우는 일
리듬 밖으로 튕겨져 나오는
입술을 깨무는 일
이제 그만, 수밀도 같은 사랑아
기우뚱해지는 때를 기다려
우리의 내부는 투명하게 구체화 되었으니

그런 낮의 불빛 한 송이 지축 뒤로 숨어
광장엔 달빛만 가득하고
더운 몸으로 처음 만났던 밤처럼

세상의 끝에 누가 또 불을 켜는지
그 길 따라 얽힌 역사는 멈추지 않고
당신과 나의 스텝은 다시 시작되고,
—「탱고의 역사」 부분

새로운 세계로의 확장을 꿈꾸는 자의 의식은 하나의 방향성을 갖는다. 그것은 곧 "붉어지며 뒤틀리는 태양의/ 심장을 키우는 일"이며, 자주 스스로의 "입술을 깨무는 일"이기도 하다. 그것은 '투명'해질 때까지 멈출 수 없는 일이며, 그것 자체로 움직이는 순환의 구조 속에 놓여 있다. 중요한 것은 고정된 어떤 방향도, 세계도 없다는 것이다. 밀고 당기며 추는 춤처럼 그것은 '움직임'으로서만 확인되고 확장되는 세계이다. 황경숙 시인은 이를 분명하게 인지하고 있으며, 주목할 것은 그러한 간극을 온몸으로 느끼면서 밀어가려한다는 것이다. 그리고 이를 통해 세계의 확장이라는 가장 근본적인 물음의 답을 찾아가려 한다. 그러한 과정에서 시인은 무리하게 덤비지 않음으로써 극도의 긴장이 살아 있는 시의 세계를 만들어내는 데 성공하고 있다. 또한 주변이 아니라 중심을 향해 침착하게 걸어가고자 하는 시적 자세와 간극마저도 품어내려는 따뜻한 시각은 이후의 황경숙 시인이 펼쳐 낼 새로운 시적 세계를 더욱 기대하게 만들고 있다.

황경숙

황경숙 시인은 전남 여수에서 태어났고, 2009년 『애지』로 등단했다. 『그린란드 보고서』는 황경숙 시인의 첫 번째 시집이며, 그 비극적 인식의 깊이에서 '역동적인 상상력'이 새롭게 탄생하게 된다. 이 세상은 "하얀 묵시록의 절대공간"(「그린란드 보고서」)이고, 바로 그곳에서 슬픔, 우울, 고통, 상처, 불안 등이 생성되지만, 그러나 바로 그곳에서 "령(고개)"(「봄이 운다」)을 넘어야 봄이 오는 것처럼, 새로운 삶의 의지가 솟아나오고 있는 것이다.
황경숙 시인의 『그린란드 보고서』는 이 세상의 삶에 대한 비가悲歌이면서도, 삶의 찬가라고 하지 않을 수가 없다.

이메일 : dew310@hanmail.net

황경숙 시집
그린란드 보고서

발　행 2013년 10월 7일
지 은 이 황경숙
펴 낸 이 반송림
편집디자인 김지호
펴 낸 곳 도서출판 지혜
계간시전문지 애지
기획위원 반경환 이형권 황정산
주　소 300-812 대전광역시 동구 삼성1동 273-6
전　화 042-625-1140
팩　스 042-627-1140

전자우편 ejisarang@hanmail.net
애지카페 cafe.daum.net/ejiliterature

ISBN : 978-89-97386-66-6 03810
값 8,000원